www.ingramcontent.com/pod-product-compliance
Lightning Source LLC
Chambersburg PA
CBHW072227170526
45158CB00002BA/781
* 9 7 8 1 0 9 0 1 1 1 2 4 1 *